毎日のごはん作りが
すーっと楽になる

ぶたやまかあさんのやり過ごしごはん

やり過ごしごはん研究家
やまもとしま

講談社

はじめに

毎日のごはん作り、順調にいく日もあれば、どうしようもない嵐が吹き荒れる日もしばしば。

例えば。

作り始めたものの材料が足りなかった、料理中に子供の声でストップがかかったなど、日常の小さい嵐。

仕事が繁忙期で忙しくてどうしようもなく疲れている、子供の学校の長期休暇中、お昼ごはんを毎日用意しなければいけないなど、年に何回かやってくる大きな嵐。

「ちゃんとしたものを食べさせたい」という思いは私の中にも根強くあるけれど、「ちゃんとして」いようがいまいが、食卓に並べたその日のごはんを食べて、家族はどんどんお腹を満たしていきます。

どんなことがあったって、食べなければ生きていけない。

作る人の思いを超えて、それはもうどうしようもないことです。

「毎日のごはんをやり過ごそう」

いつのころからか、そう決めました。

「やり過ごしごはん」と名付けた私の料理は、自分の目の前のごはん作りをできる

だけ苦しいものにしないように、というものです。


真面目に向き合ってばかりでは疲れてしまう。

やれない時はなすがまま、頭の上の嵐をやり過ごすように淡々と、手が勝手に作り出すのに任せてみよう。

どうしてもダメな日は、買ってきたお惣菜を並べて、自分の電源を落とそう。


逆に、時にはやりすぎることだってある。

やりすぎて、気がついたらもう夕方、作りすぎちゃった、万歳！

そういう時は、ゾクゾクするくらい楽しい。

料理って楽しいんです。


両方どっちも「やり過ごしごはん」。


そんな私のアイデアやレパートリーの中から、いくつかご紹介したいと思います。

今日も台所に立つ全国の仲間たちよ、毎日のごはんを共にやり過ごそうではありませんか。

Contents

第1章

やり過ごしのアイデア

キッチンに立つのが苦痛。
今夜のメニューが何も思い浮かばない。
さあ、どうやって切り抜ける？
仕事に育児にフル稼働のぶたやまかあさんが
どうやり過ごしてきたか、知りたくない？

「名もなきレシピも立派な料理」

「今日は何を作ろうか」と考えると苦しくなるのは、「名のある料理」をしなければと考えるからかしら。

例えば「麻婆豆腐を作ろうと思ったけど、元気がなくて、ひき肉の炒め物と冷や奴になってしまった」なんてこと、ありませんか?

この「なってしまった」というところに、作り手側の申し訳ない気持ちが感じられます。「麻婆豆腐にできなくてごめんね」と思ってしまうのかも。

でもちょっと考えてみると、家族は「なんで麻婆豆腐じゃないの!」なんて文句を言ったりしないはず。「本日のお品書き」や「今週の献立表」を公表しているわけでもないんですからね。申し訳ない気持ちの元は、作り手の頭の中にゴールとしての「麻婆豆腐」があったからというだけの話。

家で食べる料理は名前の付いたもののほうが少ない気がします。料理をする時は素材を元に調理方法を考えたほうが自然です。「キャベツがあるから炒めよう」とか「鶏肉で何かしよう」とか。

自分の作る料理について話す時、「肉を焼くだけ」「魚を焼くだけ」と「だけ」を妙に強

調してしまうというのもよくある話。「肉を焼いただけだから、たいした料理じゃない」と謙遜なんてしなくていい！　と思うのです。

我が家では最初に計画していた料理と違うものが食卓に並ぶのも日常茶飯事。そこで想像以上に美味しい、新しいレシピが生まれることだってあります。そんなレシピには自分や家族で名前を付けてしまうのも楽しい。

作り手が食べやすいように手を加える、それが大事なこと。「火を通す」、「切って並べる」で充分。「焼いただけ」ではなく「今日は焼いた！」と言い切れたら、きっと気持ちがいいんじゃないかな。

「自分の料理のスキルにOKを出す」

「自分の料理に自信がない」「自分は料理ができない」と思っている人が多いように感じます。「料理は好きだけど得意ではない」という人もいますね。

お客さんに出すような特別な料理ができないと「得意」と言ってはいけないのかしら。

私は「毎日何かしら料理をしていれば、もう『得意』にしちゃおうよ！」と言いたい。料理をしている時点でスキルはゼロではなくて、すでに80点くらいはとれているはず。そりゃ「もっと上手にならなくちゃ」という人もいるだろうけれど、それは、上を目指したいなら精進すればいいって話。

もし、あまり考えずにできちゃうような料理があるならば、それはもう上級スキルだと思うんです。困ったら炒飯、困ったらオイスターソース炒め、困ったらとりあえず鶏肉をレンジでチンしてみる。うん、充分素晴らしいじゃないですか。

私は結婚するまで料理をあまりしたことがなかったし、今でもできれば料理以外のことに時間を使いたい。でも家に帰ったら自分のため、家族のためにごはんを作ることができる。それが今、適度にできているのだから、自分の料理スキルはそこそこＯＫということにしています。

「食べる側にも都合がある」

「一生懸命頑張ってとびきり美味しい料理を作ったのに、家族の反応が薄くてがっかり」ということ、ありますよね。

これって作る人と食べる人の、ごはんに対する気持ちのバランスがとれていない時に起こるのかなと思います。食べる人には食事以外にもしたいことがあって、お腹がすいているタイミングでごはんが食べられれば、それで満足なのだろうなって。

我が家の場合、早くごはんを終わらせてテレビやゲームに向かいたい！という子供たちの気分が感じられる日があります。そんな時に「ほ～ら、手をかけて作りましたよ～。どう？美味しいでしょう～」と作った人に圧をかけられたら、どうでしょう。うわ、暑苦しい、うっとうしいと思ってしまいそう。

作った手間や成果に対する反応を、食べる側に過剰に期待しては双方不幸なだけ。思い通りの反応が返ってこない時、いちいちがっかりするのはもったいない。

それよりも、今日も乗り越えられた！やったね！と自分をほめるようにしたほうが、気持ちよく一日を終えられる気がしませんか。

お得にしばられない

大根やキャベツなどを買う時に、切っていない「丸ごと」のものを買いたくなる気持ち、大いにあります。そのほうが単価は安くなるし、なにより大根1本買った！　というのは無条件に気分がいい。

だけど、これらの丸ごと野菜を切ろうとすると、大きなまな板や包丁、残ったものを保存しておくスペースが必要です。それを叶える環境を整えるコストや労力は、「丸ごと」のお得度に見合っているでしょうか？「お得だからと大きいものを買ってしまう」というのは、陥りがちなワナ。ある種の呪縛のようなものかもしれませんね。

台所が小さいということは、食べる人数も少ないということ。一度に食べきれる量は少ないはず。単価は上がりますが、適度な大きさに切ってある野菜を買うほうが無駄なく使いきれるでしょう。もちろん、人数が多くて、野菜が好きで、大根1本余裕で食べちゃう！　というご家庭は、丸ごと買ったらいいんですよ。我が家がまさにそういうウチです。

「料理のハードルを越えずに「やり過ごす」」

「料理のハードルを下げる」という言葉を聞きますね。食事を作る人は、毎食栄養バランスがとれた美味しいごはんを家族のためにきちんと用意しなければいけないと思う呪い。この「きちんと」感が「ハードル」なのかな。「きちんと」が料理のハードルならば、それを下げるにはどうすればいい？「きちんと」の逆って何だろう。「手抜き」？　「雑」？　きちんとやらずに美味しいものを作るコツ、なかなか決定打がみつからない。

そもそもなぜハードルを越えなくてはいけないのでしょう。ハードルって、越えるものではなく、倒すものでもいいんじゃない？

私にとっての毎日の料理は、まさに「ハードル走」のようなものです。どんなに低いハードルだって毎日3回飛び越えるのは大変。むしろ障害は蹴倒しながら前に進めたら最高です。飛び越えない。ハードルのその高さを考えることなく蹴倒していく、やり過ごしていく。そんなごはん作りが私の理想です。

料理のハードルの倒し方 3つの例

1 自分の好きなものを作る

予算も時間も考えず、自由に。たとえ家族の苦手なものだとしてもです。家族向けは元気な時に。

2 家族に作ってもらう

キッチンを開け放つ勇気を！使いみちを考えていたストック食材を使われても臨機応変に！

3 とっておき、おにぎりをメインにする

熱いうちに握る。「まとめる」くらいの気持ちで。海苔だけは良いものを。海苔が良ければ、大ごちそうになる。

「インスタントだしを堂々と使う」

鰹節と昆布でひいただしの美味しさは格別。でも、日常的にできるかというと、どうでしょう。

以前、大好きな料理家さんの出版記念講演会に参加した際、私は質問をしました。

「台所にあるだしが『顆粒だし』だけなのは、恥ずかしいことでしょうか？」

私は普段は顆粒だしと白だしを使うことがほとんど。昆布は使うけど、おだしをとるための鰹節は置いていません。

実はひそかに、顆粒だしを使うことに罪悪感や恥ずかしさがありました。「その家庭のやり方であればそれでいい」と思いつつも、後ろめたさが払拭《ふっしょく》される明確な理由を探していたのかもしれません。

この質問に対して、その方は私をまっすぐに見て迷いなくこう言いました。

「何も恥ずかしいことはありません。鰹節はすぐに劣化してしまう。3日経ったら猫だって食べません。パックだしだって粉末の鰹節が入っているから劣化します。だから、普段頻繁に鰹だしをとるご家庭でなければ、顆粒だしでいいんです」

目の前の霧がパッと晴れた気がしました。そうか、それでいいのだ。

これからは「台所に鰹節も昆布もなくてもかまわない。だしはすべて顆粒だし」と、恥ずかしがらずに堂々と言おう！　そう決めました。だって令和の家庭ではインスタントだしのほうが合理的に美味しくできるんですから。

「食べたいものを作れるのが作る人の特権」

就職して一人暮らしを始めた時に、最初に作ったメニューを未だに覚えています。鶏の唐揚げとポテトサラダ。手際は悪かったはず。でもあの日のごはんは格別でした。あの唐揚げは、私による私だけのためのものだったんです。

あれから何年も経ちますが、ごはん作りがつらくなるとよく、あの一人暮らしの部屋の唐揚げを思い出します。

今は、自分だけでなく家族のためのごはん作りに日々格闘中。子供たちが好きなものを一つは入れるとか、今日は暑かったから夫はさっぱりしたものが食べたいだろうとか。みんなに喜んで食べてもらう工夫は必要だけど、そういうのに疲れちゃう時、ありますよね。

そんな時は、家族ではなく自分の食べたいものが何なのかを追求してみます。

私はどうしてもカレーについては自分の好みを譲れませんでした。辛さは抑えめだけど、しっかりとスパイシーなカレー。それは子供たちに極めてウケが悪く、私がカレーを作る

と、「かあちゃんのカレーかー」とあきらめ半分に食べていました。好きなのは普通のカレーだけど、それはお父さんかおばあちゃんが作ってくれるから、今はしょうがない、という感じ。

それから何年か経って、私の作ったスパイスが効いたカレーを、子供たちが淡々と食べるのを見ると、「ついに壁を乗り越えたわね」と感慨深くなります。

誰の思惑も気にせず、たまには自分の食べたいものを作ってください。そして食卓で「今日、私これが食べたかったんだよねー」と家族にアピールをしてみましょう。

きっと「しょうがないなあ」と言いながら、楽しそうに付き合ってくれるのではないかしら。

上が夫の、下が私のカレー。作り手が違えば味も違う。でもカレーであることには変わりない。どちらも我が家のカレー。

column

ぶたやまかあさん実況中継1

帰り道、カツオとイワシを買ってほくほくしていたら、今日は麻婆豆腐が食べたいと言われていたのを思い出した。

だが、作るのは、私だ。

今日は魚でいく。

家に帰りつき、すぐに米を炊く。

いつもは娘が炊いておいてくれているはずだが、今日は娘の帰宅も遅かった。

まずはカツオ。

皮の硬いところと骨を取り、塩をパラっと振って、バーナーであぶる。

冷水で締めることはしないが、温かいまま切らないようにする。

そしてイワシ。頭をちぎり取り、腹を裂き、ワタを取り出す。

おー、お腹の中まで脂だらけだ。

お腹の中を中心によく洗い、ペーパータオルで水気をふく。


イワシの処理は、始めてからここまでで、だいたい5分くらい。

丸の魚を買ってきて、こんなに処理が簡単なものはイワシの他にない。

なにせ、包丁に一度も触らないのだから。

魚料理の入門として最適だと思う。

しかも、この作業はとても気持ちがいい。

音を立てて折れる骨、血飛沫《ちしぶき》、形を保ったまま出てくる内臓、真っ白な脂。

本能的に、好きだ。

どうにも抗えない感じがしてヤバい。

ずっとやり続けたくなる。この殺戮《さつりく》を。

まな板の上のイワシの頭と内臓を新聞紙に包んで片付けてしまえば、そこに惨劇の跡形もなくなる。

イワシをホーローのバットに並べて、上から塩、にんにく、そしてマジョラムとローズマリー。

さらにオリーブオイル。

これを魚焼きグリルで15分ほど焼く。

その間に味噌汁とサラダと茹で野菜を作る。

カリフラワーは丸ごと沸騰した湯に入れ、蓋をして5分ほど茹でる。

この時、湯に酢を入れると、カリフラワーの白をきれいに残すことができる。

茹で上がったら冷まして、包丁で茎から切り離しながら小分けにする。

春菊は、よく洗ってざく切りにし、ごまとナンプラーをかけておく。

そこに熱々のごま油を回しかけて、よく混ぜる。

味噌汁は、今日買ってきたかぶの葉だけを使う。

だしは、そう、もちろん顆粒だしだよ。

イワシが焼けたら出来上がりだ。

カツオのたたきは、明日の夕飯用に半分とっておく。

・カツオのたたき
・イワシのアヒージョ
・茹でカリフラワー
・春菊のサラダ
・かぶの葉の味噌汁

イワシのアヒージョは、すだちをぎゅうぎゅう絞って食べたら、思った通り絶品だった。

このイワシオイルにカリフラワーを浸して食べるのがうまいのなんのって。

ちょっとオイリーな食卓だなと思うけど、毎日こうなわけじゃないし、今のところ特に病気の家族はいないし、まあ、許される範囲内じゃないかな。

どこかの誰かのためではない。このごはんは私たちのためのもの。そして、私が今日食べたいもの。

そう、作るのは、私だ。

a

カツオのたたき
刺身よりちょっとあぶった魚が好き。

b
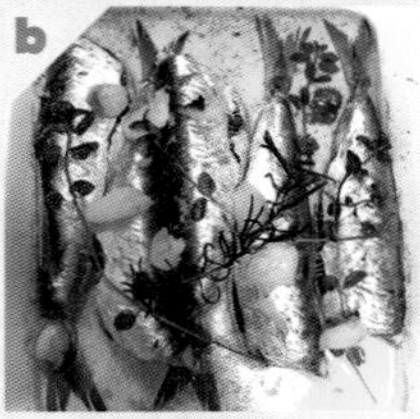
イワシのアヒージョ
和風より洋風に仕上げたほうが食べやすい気がする。

c

春菊のサラダ
熱々のごま油をかけるとジュッと音がする。

「素材のまま食卓に出す」

長男は小さい時に食が細くて苦労しました。カレー、ハンバーグ、ミートソースのような細かく刻んで元の形が分からないものは拒否されてしまうので、野菜を食べさせるのも大変だったんです。

なので、彼が食べるものは、こんな感じ。

細長く切ったきゅうり。蒸したいも。茹でたとうもろこし、枝豆、ブロッコリー、もやし。洗っただけのミニトマト。お肉は、鶏胸肉はレンジかせいろで蒸して、豚肉とソーセージは茹でるのみ。他には冷や奴、納豆。

これ、料理というより素材そのもの。

一生懸命作ったハンバーグより、茹でただけの肉や野菜のほうがウケがいいなら、もうそれでいいや、となっていきました。

こうなると注目するべきなのはプロセス。どの形に切るのか、茹でるのか、焼くのか、蒸すのか、炒めるのか。こうやって、「どこ（料理）」を目指すかよりも「どうやって（どの調理法で）」のほうに重きを置くようになっていきました。

「バラバラに食べることも良しとする」

２０２０年３月、新型コロナウイルスの流行により子供たちの学校が休校。夫と私は一年で一番忙しい時期を迎え、在宅勤務もすぐには難しい。

そんな状況下、保育園時代のお母さん友達の一人がＳＮＳで、「子供がぐうたらしすぎていて困る」と書いており、その投稿に、我が家も！　というレスがたくさん付いていました。

中高生の母たちが口を揃えて言っていたのが、子供が朝起きてこないというもの。何時に起きるか分からないので、朝起きてこない子の分の朝ごはんの支度をだんだんしなくなっていったそうです。お昼をとる時間もバラバラ。

我が家ではお腹がすいたら自分たちで作って適当に食べるようになりました。末っ子の分は兄たちが面倒を見る。そのうち、家にいるにもかかわらず、全員が揃う食事は晩ごはんだけということに。

「三食必ず用意されている」という考え方から外れていったのが、家にみんなが揃っている期間だったというのはとても興味深いなあと思います。

最初は「○○の素」から

外出自粛期間中、学校がお休みの子供たち。自分たちの昼ごはんと一部夜ごはんは、次第に長男と長女の担当になりましたが、その子供たちの作るごはんがなかなか面白い。

美味しいものが大好きで、頑固者の長女。完全に我が道を行くタイプでお料理本などを参考にせず、思いつくままに作ります。そのわりには味のバランスのとり方は悪くないよう。ある日餃子100個をほとんど一人で包んでしまったのには驚きました。


そしてマイペースの長男。最初のうちは慎重に、混ぜるだけ、和えるだけの市販の調味料に頼ることが多かったのですが、徐々に自分で工夫することも楽しみ始めました。超有名レシピサイトはもちろん、プロの料理人の方のブログを参考にしたり、私の蔵書の料理本を見て作ることも増えています。

長男の作ったものの中で面白かったのは、「グラタンもどき」。なぜ「もどき」なのかというと、表面を焼いていないから。

玉ねぎを炒めて、小麦粉、牛乳というベシャメルソース作りの手順をしっかりと踏んでいるのに、チーズをかけてオーブンで焼くのをやめてしまっています。長男は、「焼かな

くてもいいかなと思った」と言っていましたが、なるほど、焼かないのもアリだなと、実際に食べてみて思いました。

この期間中に、二人とも台所に立つことに抵抗がなくなりました。火の始末や素材の取り扱いによる食中毒など、心配なこともあったけど、任せてみて良かったと思います。

作ることだけでなく、次に料理する人がストレスなく始められるように、きれいに片付けることを言い続けていますが、こっちのほうが、料理よりずっと難しい様子。ここ、大事なところだからしっかり身に付けて欲しい！

そこまでできたら、もう立派に一人暮らしができるなあ。

いもと鶏肉とピーマンの炒め物（長女作）。

好きなものばかりを適当に作った盛り合わせ（長女作）。

グラタンもどき（長男作）。オーブンで焼くという手順をすっ飛ばしている。

餃子（長女作）。100個をほとんど一人で包んでしまったのには驚いた。

column

ぶたやまかあさん実況中継2

晩ごはん、何にしよう。

冷蔵庫の中身をざっと思い出し、使うものだけは大まかに決めておく。

帰り道は、基本ボーっとしていたいので、あとはノープランで挑む。


帰宅。

冷蔵庫の中身の確認。

夏野菜が色々あるので、油で揚げて、タレにつけよう。

問題はメインのお肉。

鶏胸肉を食べてしまいたいのだが、何にしよう。

野菜に油を使うので、さっぱりしたものがいい。

鶏胸肉の皮を外してそぎ切りにする。

なお、肉にはすでに下味が付いている。

ポリ袋に切った肉と片栗粉を投入。

ポリ袋をよく振って、肉に片栗粉をまぶし付ける。


これを、茹でる。

この、茹で上がったものに味を付け……ない。

ここで止める。

これで晩ごはんになった。

・鶏胸肉に片栗粉をまぶして茹でたもの
・なす、ピーマン、苦瓜の揚げ浸し

ぶたやま家名物「調理途中かと思われる素材を食卓に出す晩ごはん」である。

「これ何？　どうやって食べるの？」

「まずは食べてみて。味が足りなかったら、自分でどうにかして」

何が素材で、どうやって作ったかを説明し、まずはそのまま食べてもらう。

ちょっと食べてみて、末っ子はお気に召さなかった様子。
長男と長女は、冷蔵庫から醬油とポン酢を持ち出してきた。
私はそのままいただく。

「どうしてこんな風にプルプルになるの?」
「片栗粉のデンプンが水を吸って糊みたいになるのよ」
長女は食に対する好奇心が強い。
末っ子は、結局野菜と納豆ごはんで済ませることにした様子。
それはそれで良い。私は特に何も言わない。
「ごちそうさま」
食器は各自流しに持っていく。

主体的なごはんというのは言いすぎだが、こんな風に最低限の調理で、ほぼ素材のままの形で食卓に並べることが結構ある。

手抜き、と言われてしまえばその通り。確かに。

だけど、こんな言い方もできる。
「食べる人たちに味付けを各自でしてもらう機会を増やす」

こういう日があっても、良いよね。

そしてこれ、作り手の気負いやプレッシャーが少し和らぐのではないかしら。

ただ、お呼ばれしたお家で、出されたお料理にそれをやると失礼に当たる場合があるので、そこは言っておかなくてはいけないな。

a

鶏胸肉には下味を付けて保存してある。バットごと食卓へ運んで。

b

揚げ浸しはすぐに食べても美味しい。かぼちゃやズッキーニなどでも。

「何も浮かばないなら、まずは包丁を握ってみる」

嫌いだからこそ、洗い物は早く終わらせたい。

ごはんを作る最中にこまめに洗い物をするので、料理終了時には洗い物はほぼゼロ。でも、家族5人が食べ終われば汚れた茶碗と皿と箸が5組は出ます。ここでテレビを見たり、寛いだりするともう立ち上がれなくなるので、食べ終わったらすぐに台所に立つようにします。

もちろんできない日もありますよ。特にスマートフォンを手に取るともう絶対ダメです。

忙しかったその日。晩ごはんを食べた後に立ち上がれなくなり、スマホでTwitterのタイムラインを見ていました。

「どうやったら片付けをする気になる?」

と自分の状況をツイート。それに対して、フォロワーさんからの反応がありました。

「お皿3枚だけきれいにしてみて」

ん? 3枚。それだけならなんとかなりそう。よし、本当に3枚だけ洗おう。残りは後で夫に頼もう。そう思って立ち上がり、流しに向かいました。

そうしたら、できました！　洗いました！　３枚のお皿。

それどころか、すべての洗い物を済ませ、コンロ周りの掃除と、肉の下処理と、次の日の米研ぎまでスムーズに済ませてしまったんです。驚きでした。

やる気を出して取り組むのではなく、とりあえず手をつけるからこそやる気が出てくる。始めるまでが大変というのはなんとなく思い当たる節があると思います。

これは片付けだけではなく、料理にも言えるかも。

晩ごはんについて、何も考えつかないのならば、そのまま考えないでおく。そして「帰ったら包丁を握ればいい」と思う。実際に包丁を手に取れたのならばしめたもの。献立が決まっていなくても、手が勝手に冷蔵庫から食材を取り出しているでしょう。

もし、実際に台所に立って包丁を握ってみても、どうにも体が動かないのであれば、それは休んだほうがいいというサイン。間違いない。包丁をキチンとしまって、とりあえずお茶でも飲みましょう。

「買い物をやり過ごす」

土日のどちらかで夫と共に買い出しに出ます。これが週に一度の大きな買い物。平日は基本足りなくなった牛乳や卵などの必需品を少し買い足す程度です。

近所に大型のスーパーが何軒かあって、それぞれ強みがあります。

①超大型で何でも揃う店。

品揃えが豊富で食料品以外も扱っている。便利だけど、売り場が広すぎて疲れてしまう。

②中規模で肉・魚が強い店。

安くて品揃えが良い。特に魚が強いお店は貴重なので、ここが最近のメイン。

③小規模で野菜と冷凍食品が強い店。

野菜のみを買いに行くことがあります。冷凍食品もここで調達です。業務用の大袋が手に入る。

①だけ、もしくは②＋③の組み合わせで買い物をすることが多いですね。どちらにせよスーパーは週に一度だけで済ませて、コンビニやドラッグストアでまかなうことも。あとは、近所に農家さんが直売している野菜売り場があって、とても重宝しています。ただ、売り切れ必至なので早めに行かないと欲しいものが手に入らない。

ネットスーパーや生協は利用していません。生協の宅配を子供が一人だけだった時に使っていたことがありましたが、注文をよく忘れるし、来週のことはよく分からない。そして、家族が増えて、食べる量が多くなってきたら、とてもじゃないけど足りなくなってしまいました。あれって、食べきれるように少なめに設定されていませんか？

中高生のお弁当があるので、冷食はよく買います。油で揚げるだけになっている唐揚げ、ポテトフライ、チキンナゲットなど。あと、塩鮭をフィレ（半身）で買ってきて、切り分けて冷凍しています。これ、お弁当にとても便利。鮭を切り分けるのは夫の担当です。

野菜類は、ブロッコリーやいんげんなど、サッと解凍してお弁当に入れられるものを常備。冷蔵品はあまり買いすぎず常に回転させる感じで。冷凍品は多めに買って長期保存が基本です。

ストック食材は、缶詰だとトマト缶と豆缶が主です。豆はひよこ豆、キドニービーンズ、ミックスビーンズなどなど。豆、好きなんです。カレーやミネストローネに入れるとボリュームアップ。いもの皮をむくのが面倒だなと思ったら豆です。〝〇〇の素〟系では、麻婆豆腐の素が好き。麻婆豆腐は一から作るより、あれが一番美味しいと思うので、切らさないようにしています。

考えずに買うものについて

▼毎週絶対買う
牛乳3〜4本
卵2パック
納豆2パック（3個入り）
豆腐2丁
もやし2袋
長ねぎ

※肉は組み合わせを変えつつ揃えます。豚肉（肩ロース塊・バラスライス・こま切れ）、鶏肉（もも肉・スペアリブ・胸肉）、合いびき肉、たまに牛肉。魚はいいものがあれば買いますが、基本は市場で鮭やサバなどを多めに買って冷凍しています。

野菜は季節ものなので、旬のものを買います。冬に無理やりきゅうりやトマトを食べたりはしないかも。

すごく大きな寸胴鍋がありまして、これの置き場所がないので、床に置いているんですけど、これが丸ごと買った野菜入れになっていることがあります。

「献立は決めない」

平日の夜は、献立は決めない派です。帰り道に考えていても、どうせ冷蔵庫の中を見た瞬間に作るものが変わったりするから、台所に立つ前にあまり考えないようにしています。

ほぼノープランで台所へ。頭で考えるより、とりあえずその日使いたいものや使ってしまわなければならないものをいくつかカウンターに並べてみる。そして包丁を握ったらアイデアが出てくる感じ。野菜や肉は、基本、「冷蔵庫からなくしたいもの」から使っていく流れになっているので、その流れに乗ります。

「工程が多いものはやらない」と決めると調理法は限られ、そこで選択肢が絞られてくる気がします。食材ストックをながめて「何を作ればいいんだろう」とフリーズする方がいるのなら、一つの料理に使う材料の数が多すぎるのが原因かも。そうすると工程もできる料理も多くなってくるので、そこで混乱するのかもしれません。まずはメインの材料一つを選び、煮る・焼く・炒める・蒸す・揚げる、のうちどう調理したいかを決める。するとおのずとサブも決まってきます。

私の夕飯作りのスタートは19時前後で、30〜40分以内に作れないと遅くなりすぎる。その時間枠の中で作れる料理となると、そんなにできることって多くないんですね。調理法

をある程度絞っておいて、あとは材料の組み合わせで変えていく感じにしています。

限られた時間で作るコツは……

①炒め物や和え物ならば、材料を2つまでに絞る。

特に炒め物をする時は、できるだけ材料を絞ったほうが集中できて好きです。肉だけを、青菜だけを炒める。材料の使いきりも兼ねている気がします。自然と品数も増えて、食卓が豪華に見えるというのもいい！

②一つの調理器具でできるもののみを作る。

土鍋で作る豚汁やカレー、せいろで作る蒸し物、フライパンを使って作る煮物、オーブンで作る天パン料理など。調理器具がそのまま食卓に出せるものであればなお良し。やらないのは、材料が3つ以上で工程がいくつもある料理です。コロッケとかハンバーグとか、酢豚とかですね。

朝は、朝食とお弁当で2食分あるので、ここはできるだけ「作らない」ことを意識します。温める、焼く、並べるをメインに。朝食用にソーセージを茹で、納豆やキムチを冷蔵庫から出してくる。お弁当用に、冷食の唐揚げとポテトをグリルに並べて油をかけて焼く。茹でておいたほうれん草をさっと炒めて添える。一から作るものとしては、炒め鍋で作るお弁当の「玉子焼き」と朝ごはんの味噌汁くらいです。味噌汁もマストではなくて、何にもない時に作るくらい。朝は「とりあえずのカロリー摂取」と考えていて、米が美味しく食べられればいいと思います。

「肉野菜炒めを作らない」

「早く、早く！」と急《せ》かされるのはみんな苦手です。

誰かに「急げ！」と言われるわけじゃないのに、作る際に妙に焦ってしまう料理というものがあります。それは「肉野菜炒め」です。

肉野菜炒めなんて、いわゆる簡単料理の範疇《はんちゅう》と思われるかもしれません。いやいや、そんなことはありません。


材料を洗って適当な大きさに切り、合わせ調味料と水溶き片栗粉を用意。炒め鍋を温め、油を入れて火の通りにくい順に炒める。調味料を回し入れ、水溶き片栗粉を加えてざっと混ぜたら出来上がり。ここまで、手順が多いし、忙しい。

ぐずぐずしていたら、鍋の中の野菜から水分が出てベショっとしてしまう。ウチは5人家族です。5人分の肉野菜炒めは鍋の中に盛り上がっていてうまく混ざらない。一度に料理しようとせず、分けて作ればいいのかもしれないですが、何回にも分けて同じ味の料理を作る気はちょっとおきません。

さらに複数の素材を一つの料理に使ってしまうのが「もったいない」。肉とキャベツと玉ねぎがあったとして、肉野菜炒めなら3つの素材で一つのおかずですが、肉と玉ねぎで生姜焼き、キャベツでナムルを作れば2品できます。品数が稼げるんです。そんな理由から、肉野菜炒めはあまり作らないようになりました。

素材一つか2つで、ガーッと炒めてパッと味付けするシンプルな炒め物は好きです。例えば青菜の炒め物や、多めの油で作るシンプルなオムレツとか。

正直、肉野菜炒めに対する私のこの苦手意識は、少し過剰かなとも思います。家族は美味しそうに食べているし、お店のような「ちゃんとした」料理を求めているわけではないのですから。「これは違う」と感じているのは私だけ。「ちゃんとした」ものを作らなければいけないという思いは、私の中にまだ残っているのだなぁと感じます。

究極のやり過ごし方法は「作らない」

オタク気質なので、常に何かしらはまりものがあります。寝ても覚めても推し（好きな漫画や音楽）のことを考えている間は、ごはんを食べるのも面倒になったりするんです。そもそも、早く休憩して、漫画や本を読みたいから、「やり過ごしごはん」なんです。

ケガをしたり病気をした時は、作らないです。頑張って作っても、余計具合が悪くなったりするので、台所に立たないほうが良いですよね。私が苦悶の表情を浮かべて作ったごはん、家族は美味しいと思わないだろうしなあ。

我が家はもう子供たちがある程度大きいから、自分たちで何とかしてもらいます。あと、もちろん夫に頼ります。

誰かに作ってもらうのは、台所を預かる主婦としてはなんとなく癪《しゃく》です。外食は毎日だと金銭的に厳しいし、続くとむなしい。でもだからといって、作らないことに後ろめたさを感じることはあまりないですね。ウチの台所は、自分だけのものではないのだから。

ぶたやまかあさんの

これでいいのだ！写真館

食卓で肉をはさみで切る。

いいのだ！

肉を焼いたらそのまま食卓へ。この時はさみを忘れない。熱々のまま切ると美味しい肉汁が流れてしまうから、少し冷めた状態で誰かに切ってもらうのがいい。

おうちバイキング。盛り付けは各自で。

やっちゃえ！

来客の際はバイキング形式です。たまには好きなものを好きなだけ食べるのも悪くない。

サラダはボウルごと。

調味料と混ぜた後、器に改めて盛り付けなくてもいいかと、そのまま出したのが始まり。

揚げ物はバットのまま出す。

このほうがお皿に移すより油切れがいいから。熱々のうちにすぐ食べたいし。

味付けなしで調理して食べる時に調味する。

問題無

調理時の味付けは薄め、もしくはなしでOK。各自お気に入りの調味料を見つけておく。

問題無し!

大きな鍋は器も兼ねる。

径が大きくて深さもある土鍋は器としても使える。すし飯を混ぜたりもできる。

豆腐は食べる時に切ればいい。

火が通りにくい素材ではないのでこれで良い。お肉のお布団の中にいるお豆腐が可愛い。

たまの「作らない」で家族喜ぶ。

焼き鳥大好き。気持ちが上がるお惣菜を選ぶのがポイント。ヘタに作るより喜ばれる。

おにぎりと具だくさん味噌汁があればいい。

おにぎりのごちそう感はすごい。豚汁やミネストローネと組み合わせたら最強。

やっちゃえ!

第2章

やり過ごしの具体例

日々の料理をうまくやり過ごすために
役に立つレシピや道具があったらいいな。
はい！　具体的に紹介します。
これいいじゃんと思ったら、
どんどん自分流にアレンジしちゃってね！

土鍋をしまうな！

私は土鍋が好きで、常に使うので棚や箱の中にしまっている暇がありません。夏でも冬でも、蒸し物やカレーやポトフなどの煮込みにも使います。もちろん、普通の鍋料理も回数が多いです。作家さんの素敵な土鍋も欲しいなと思いつつ、我が家のメイン土鍋はホームセンターで半額になっていたもの。とにかく軽いのがいいのです。

夕飯がノープランの時も土鍋は強い味方。例えば、じゃがいもを早く使いきりたかったことを思い出した日は、じゃんじゃん皮をむいて鍋に入れていきます。庭先からローズマリーの枝2本。水、酒、白だし少し。

塩をまぶしておいた豚塊肉をコロコロに切り土鍋に、と思ったけれど、気が変わってフライパンへ。しばらく動かさずに焼き目を付け、もう片面も焼きます。これをじゃがいもの鍋にイン。蓋をして火にかけます。20分ほどで完成。

うーん、煮物でもない、蒸し物でもない、焼き物でもない、豚肉とじゃがいもの料理。末っ子が「じゃがいもと豚肉の土鍋焼き」と命名。ン！　悪くない！

また、別の日の様子。キャベツをザクザク切って、土鍋に入れていきます。鶏もも肉を食べやすい大きさに切り、キャベツにのせ、ここに、水、白だし。蓋をして火にかけます。20分ほど煮たら出来上がり。鶏もも肉とキャベツのぎゅうぎゅう蒸し。キャベツがたっぷり食べられます。

土鍋は、オーブンにも、炊飯器にもなります（土鍋で炊いたごはんは美味しい）。ぜひ、騙されたと思って、土鍋を出しっ放しにしてみてください。土鍋に野菜を入れるところからメニューのアイデアが広がるし、出してあれば、使うのも躊躇がなくなるんじゃないかなあ。

ぎゅうぎゅう蒸し

おだしで具材を煮る「お鍋」ではなくて、
少量の水分で「蒸す」、土鍋を使った蒸し料理というところがポイントです。

〈材料〉5〜6人分

鶏もも肉…3枚（約600g）
キャベツ…$\frac{1}{3}$〜$\frac{1}{2}$個
A | 水…400cc
　 | 白だし…大さじ2
バター…大さじ1（お好みで）

〈作り方〉

1 鶏もも肉は食べやすい大きさに切る。キャベツはざく切りにする。

2 土鍋にキャベツ、鶏もも肉の順に入れ、**A**を加え、小さくちぎったバターを散らす。蓋をして中火で20分ほど煮る。
※お好みでポン酢、マヨネーズ、マスタード、ドレッシングなどをかけて。

Memo

葉物→肉類の順に重ねます。キャベツのほかに白菜や水菜、豆苗なども良いです。肉は鶏肉か豚肉で。ソーセージやベーコン、市販の煮豚などもアリです。さらにしいたけやしめじなどのきのこ類をのせるとうま味がアップ。

じゃがいもと豚肉の土鍋焼き

保温効果が高い土鍋は、オーブンの代わりに使えます。
豚肉に焼き色を付けてから土鍋に入れるとお肉の香ばしさが味わえます。

〈材料〉5〜6人分

豚肩ロース塊肉…600g
塩…小さじ2
にんにく…1かけ
じゃがいも…7個
サラダ油…少々

A
- 水…200cc
- 酒…50cc
- 白だし…大さじ1

ローズマリーの枝（あれば）…2本

〈作り方〉

1 ポリ袋に豚肉、塩を入れてよくもみ込み、冷蔵庫で1日おく。

2 じゃがいもは半分または¼に切る。

3 豚肉を2〜3cm角に切り、油をひいたフライパンに入れて火にかけ、表面を焼き付ける。

4 にんにくの皮をむきスライスする。土鍋に**2**、**3**とにんにくを入れ、**A**を加える。上にローズマリーの枝をのせ、蓋をして中火で20分ほど煮る。

超特急ポトフ

煮込み時間は30分。土鍋は煮えるのが早いです。ソーセージは最初から入れると味が出すぎるので仕上げに入れます。

ポトフを美味しく作るコツは「切らない」ことです。お野菜もお肉も、なるべく大きく切ります。玉ねぎは2等分、かぶとじゃがいもは皮をむいただけ。長いもも大きいまま入れます。

肉は鶏スペアリブを使いましたが、その日冷蔵庫にあるもので良いです。鶏もも肉でもいいし、豚肉ももちろん合います。セロリの葉だけはなくてはならないポイントです。これがあるとないとではずいぶん味が違います。セロリの葉は煮えて溶けると汁がにごってしまうので、完成したら取り出したほうがいいでしょう。もちろん食べられます。

寒い冬は温かい煮込み料理というだけで、美味しさ3割増しになると思うので、ぜひお試しを。

c a d b

〈材料〉5〜6人分

鶏スペアリブ…500g
ナンプラー… 小さじ1
じゃがいも…2〜5個
かぶ(小さめのもの)… 約10個
玉ねぎ…2〜3個
長いも… 約500g
セロリ(葉も使う)…1本
ソーセージ…6〜8本
塩、こしょう… 各適宜
粒マスタード… 適量

〈作り方〉

1 ポリ袋に鶏スペアリブとナンプラーを入れ、冷蔵庫で一晩おく。
2 じゃがいも、かぶは皮をむく。玉ねぎ、長いもは、大きめに切る。セロリは葉の部分を取っておき、茎を大きめのざく切りにする。
3 フライパンに湯を沸かし、1をさっと茹でる。土鍋に、2、スペアリブ、かぶるぐらいの水(分量外)を入れる。上にセロリの葉をのせて蓋をし、弱めの中火で20〜25分ほど煮る。
4 野菜に火が通ったらソーセージを加え、さらに5分ほど煮込む。スープの味が薄ければ塩、こしょうを足す。セロリの葉はとり出す。食べる際にマスタードを添える。

Memo

● 具材は他にも色々試してください。肉類は、鶏もも肉も良いですし、豚肩ロース塊肉を切って使うのも良いです。贅沢に塊ベーコンを使うのも素敵ですね。煮込み時間が短いので、牛すね肉やスジ肉などは、別に火を通しておいたものを使うのが良いと思います。
● お野菜は、大根、にんじん、れんこん、里いもなどもおすすめ。さつまいも、かぼちゃなどの煮ると溶けてしまう野菜はちょっと向かないかな。葉物も溶けてしまうので避けたほうがいいかも。キャベツは美味しいんですが、私が考えるポトフとはちょっと違うものになるように思います。
● 肉を下茹でするのは、余分な脂と汚れを取り除くためです。アクを取る手間も省けます。

column

ぶたやまかあさん実況中継3

1週間頑張ったじゃん。

自分を甘やかしたいじゃん。

子供たちも甘やかしたいじゃん。


夫は遅くなると言うし、外に食べに行ってもいいんだけど、少し考えて、途中でケーキを買って帰ってきた。

だからごはん作るよ。


こういう時は、土鍋だのみ。

キャベツをざく切りにして土鍋に敷き詰める。

塩をしてポリ袋に入れて保存していた豚肩ロース塊肉を、一口大に切る。

炒め鍋に水を入れ、沸騰させる。切った豚肩ロースを湯につける。これで表面のアクを取る。

肉を取り出し、土鍋の中のキャベツの上にのせる。

いつもならここで水と白だしでぎゅうぎゅう蒸しとするのだけど、今日はもうちょっと外食っぽい味付けに。

1週間頑張った私と子供たちへの甘やかしだから。

缶詰や保存食を入れている箱をゴソゴソ探して見つけた。

レトルトパックのミートソース。

これでいこう。


キャベツと肉の上にこのミートソースをかけて、水、白ワインをカップ1杯ずつ回しかける。

土鍋に蓋をする。

火にかける。

土鍋から湯気が出てくる。

もう一つ何か決め手が欲しい。

もっと子供と自分を甘やかすものを、もっと。

冷凍庫を開けてみる。

ピザ用のモッツァレラチーズが残っていた。前にピザを作った時に余って冷凍しておいたもの。

OK。これも使おう。

土鍋の蓋を開けて、チーズを振りかける。

チーズの量、かなりあったけど、余らせても存在を忘れるし、全部入れてしまおう。

再び蓋をして、弱火。数分で火を止める。

土鍋の保温力を舐めてはいけない。

チーズくらいなら、余熱で溶けてしまう。

出来上がり。


鍋敷きをテーブルに置いて、土鍋を食卓へ運ぶ。

末っ子に取り皿とコップの用意を頼む。

長男は、何も言わずとも、ごはんをよそっている。

長女も、無言で冷蔵庫の漬物を出して並べている。


みんな食卓についた。

土鍋の蓋を開ける。

キャベツ・豚肩ロース・ミートソース・モッツァレラチーズのぎゅうぎゅう蒸し。

ミートソースとチーズを組み合わせた時点で勝ちは決まったようなものだったけど、実際に食べると、うん、やっぱり美味しい。

某イタリアンチェーン店のメニューっぽさもあって、子供たちに大いにウケた。


家があって、家族がいて、良かった。

今夜もあなたたちに会えて良かった。

ささやかだけど、自分と子供を甘やかす、欲望に忠実な、そんな晩ごはん。

a
ここまではいつもの流れ。これだけじゃなんか物足りない。

b
見つけた！その1。常備してあるものの一つ。

c
見つけた！その2。トマトといえばチーズでしょ。

d
ミートソースの上にチーズを入れ、火にかける。チーズが溶けたら出来上がり！

炊飯を もっと自由に 考える

土鍋でごはんを炊くのが好きです。その理由は二つ。まずは炊けるまでの早さ。炊飯器が早炊きでも40分ほどかかるのに対して、土鍋炊飯は30分あれば充分！　本当に急いでいる時は吸水時間が短くても炊いてしまいますが、土鍋は温まるのに時間がかかるので、ゆっくり吸水させながら炊くことができるんです。もう一つは、土鍋は手入れがラクなところ。調理器具は使うたびに汚れるのは避けられないですよね。でも炊飯器は丸洗いできない！　悔しい！　その点、土鍋は全部洗えます。

　とはいえ、炊飯器は便利です。火の心配をしなくて済むし、タイマーもセットできて、朝起きた瞬間にごはんが食べられます。我が家は昔、炊飯は土鍋でしかしなかったのですが、重いのと火を使うのとで子供たちが扱いにくかったので、炊飯器を買いました。材料を入れてスイッチを押せばいいだけの炊き込みごはんなどは、失敗がないので子供に作ってもらうのにぴったりだと思います。

[土鍋炊飯のやり方]

〈作り方〉4人分

1 米2合を研ぎ、ざるにあげる。土鍋に米と水400ccを入れる。

2 そのまま米に水を20〜30分ほど吸水させる。時間がなければ吸水は省いても良い。

3 蓋をして中火にかけ、8〜10分ほどして土鍋から蒸気が出てきたら弱火にし、10分加熱する。

4 火を止めて10分ほど蒸らす。蒸らし終えたら蓋を取り、全体を混ぜて余分な水分を飛ばす。

Memo

土鍋がなければ、少し厚手の普通の蓋付きの鍋でも充分に炊けます。水分量は、鍋の状態によっても変わりますので、何度か試してベストの水分量を見つけてください。食べたい時に炊きたてのホカホカごはんがすぐ食べられるっていいですよね。

ほわたんライス

〈作り方〉4人分

1 米2合を研ぎ、ざるにあげておく。
2 土鍋に米を入れ、水400ccと白だし大さじ1、ナンプラー小さじ2を加え20分ほど吸水させる。石づきを取ったしめじ1パックをほぐし入れ、ツナ缶(オイル漬け／フレークタイプ)小1個を油ごと加える。
3 **2**に蓋をして中火にかけ、8〜10分ほどして土鍋から蒸気が出てきたら弱火にし、10分ほど加熱する。火を止めて15分ほど蒸らす。

Memo

友人の「ほわたん」が考案したレシピ。包丁を使わずにできるので、気軽に手軽に作れます。

鶏飯《けいはん》

〈作り方〉4人分

1 米2合は研ぎ、ざるにあげておく。
2 ポリ袋に鶏スペアリブ15〜20本、すだちの絞り汁大さじ1、ナンプラー小さじ2を入れる。しょうが1かけ、にんにく1かけをそれぞれみじん切りにして加えてよくもみ込み、冷蔵庫で30分以上おく。
3 土鍋に米、水400cc、鶏がらスープの素小さじ1を入れて20分ほど吸水させる。
4 **3**に**2**を加え、さらに長ねぎの青い部分を適量加えて蓋をして中火にかける。8〜10分ほどして土鍋から蒸気が出てきたら弱火にし、10分ほど加熱する。火を止めて10分ほど蒸らす。
5 皿に炊きあがったごはんを盛り、鶏肉をのせ、きゅうりの薄切り、青梗菜《チンゲンサイ》の塩茹でなどを添える。お好みでスイートチリソースを鶏肉にかける。

フライパンでは炒めずに「焼く」

フライパンを使わない日はありません。とにかくフライパンに材料を入れて火にかけてしまえば一品出来上がる、そのありがたさたるや、偉大です。

私はフライパン料理は中をあまりせわしなく動かさなくても良いように思います。むしろ、のんびりフライパンに任せて焼くと、底に当たっている部分はカリッ、中はふんわりとして、良い仕上がりに。火が通りやすい素材など、のんびりできない料理もありますが。

以前、うちに遊びに来たお友達と一緒に料理をした時に気づいたのは、彼女が常に箸でフライパンの中をかき回していること。「そんなに触っていなくても大丈夫だよ」と声を掛けたら彼女はとても驚いた様子。フライパンの中はずっと混ぜていないといけないと思っていたようです。横目でちらとフライパンを気にしながら他の料理を並行してやる、みたいなことができると効率も上がりますよ。

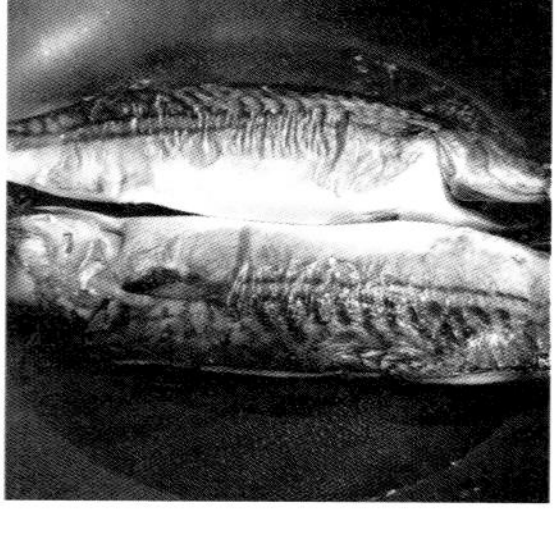

(左) 魚はフライパンで焼き、肉は魚焼きグリルで焼くことが多い。写真は塩さば。皮から焼くとパリッと仕上がる。
(右) かぼちゃはフライパンに入れたら焦げ目がつくまでほったらかし。

炒め鍋で茹でると時短に

「たっぷりのお湯で野菜を茹でる」と言われると、気が短い質《たち》なので、途端に気持ちが萎えます。お湯が沸くまでの時間が待てないんですね。では、小さな鍋にしたらと考えると、今度は鍋の径が小さくて、葉物などが鍋に入れにくい、茹でるものが鍋に収まらない……。

そんなジレンマを解消すべく、私は鍋茹での時は炒め鍋を使っています。炒め鍋に少量の水を張り、そこに野菜を入れて蓋をし、蒸しながら茹でるというやり方です。水が少量なので沸騰するまでの時間が短いし、炒め鍋は径が大きいので葉物などかさばるものを茹でる際にも作業がしやすいんです。

茹でるものの量が少しでも、たくさんでも、同じ炒め鍋を使って短時間にできます。ポイントは、蓋をすることです。蓋をすることで湯の温度が下がるのを防ぐことができ、蒸気を逃がさないので蒸すことが兼ねられます。

このやり方ならほうれん草も少ない水で茹でられます。茹でている途中で、箸でほうれん草の場所を変えてやると均一に火が通りますよ。

オーブンは「勝手に作って」くれる

「オーブンはあるけど、使いこなせていないの」という話をしてくれたお友達がいます。電子レンジはよく使うけど、オーブン機能はよく分からなくて、普段の料理には使うことはないのだそうです。私に言わせると、それはとてももったいないこと。だって、オーブンは、最初から最後まで放っておける調理器具ではないですか。

コンロで調理をする時は、フライパンで炒めるにせよ鍋で煮るにせよ、じっと見張っている必要はないけれど、火のそばから離れることはタブーです。でも、オーブンならそれが可能。たとえ長時間の料理であろうと、洗濯や掃除をしている間に勝手に調理をしてくれる便利な調理器具、それがオーブンなのです。

「どう使ったらいいか分からない」ならば、まずは試してみればよろしい。野菜や肉をただ焼くことから始めて、自分のオーブンの癖をつかんでいきましょう。例えば「180度30分」で肉やいもがしっかり焼けるかどうか、とかね。

鶏胸肉のビタンビタン焼き

鶏肉をマヨネーズとチリソースでビタビタにするのでこの名前になりました。マヨネーズとヨーグルトのおかげで胸肉がしっとり焼けます。

〈材料〉4人分

鶏胸肉…2枚

A
- 塩…小さじ½
- マヨネーズ…大さじ3
- ヨーグルト…大さじ2
- スイートチリソース…大さじ1

片栗粉…大さじ2

〈作り方〉

1. 鶏肉を削ぎ切りにしてポリ袋に入れ、**A**を加えて全体をよくもむ。
2. 片栗粉を加え、鶏肉全体にまぶす。
3. オーブンシートもしくはアルミホイルを敷いた天パンに**2**を並べ、200度で予熱したオーブンで20〜25分焼く。

Memo

チリソースが手に入りにくかったら、砂糖大さじ½で作っても結構です。

せいろは中華だけの道具じゃない

「せいろ」という調理器具がとても好きです。中華街などで点心を食べる時に、小籠包や肉まんなどが入っている竹や木でできたあの道具。これは、佇まいが格好いいんです。そこにあるだけで、できる奴という感じがします。調理後、器としてこのまま食卓に出すことができるのもうれしいところです。

「蒸す」という料理法も好きです。豆腐のように柔らかいものも形を残したまま調理することができますし、水分を失うことなく加熱できるので、パサつきとも無縁です。肉も豆腐も野菜も、どんどん切って端からせいろに詰めて蒸していきます。これだけで驚くほど美味しいのです。なにより、焦がす心配がないというのは、忙しい身にとってありがたいことです。

一〜二人用の小さなせいろセットも売っているので、まずはそれで焼売や肉まんを温めることからやってみて。

鍋に湯を沸かし、蒸気が上がったところでせいろをセット。重ねれば複数の料理が同時にできるのが好き。オーブンシートを敷いてから食材をのせると、水が出るものも問題なし。(左から　野菜、豆腐、冷凍たこ焼き)

魚焼きグリルは魚以外を焼く道具

スーパーでコロッケや唐揚げなどのお惣菜を買ってくるじゃないですか。これ、どうやって温めます？私は天パンにアルミホイルを敷いて、そこに並べて、魚焼きグリルで焼きます。これがウチの「揚げ物の温め方法」です。パリッと仕上がりますし、なにより火の通りが早いんです。

魚焼きグリルは、素材を「直火」で焼く調理器具です。実は私はこれで魚を焼くことはあまりありません。なぜなら網が汚れるのがちょっと苦手だから。それよりも、洗う手間がかからないように天パンをアルミホイルで覆い、肉や野菜をのせて焼くことが多いです。

先ほどの揚げ物の温めや、ソーセージを焼くのもこの方法です。天パンと言いましたが、私はステンレスのバットをこれ専用にしています。グリル専用トレーも販売していますので、手入れのしやすい、グリルのサイズに合うものを使用してくださいね。

野菜を魚焼きグリルで焼く際には、天パンに並べたら油と塩を振りかけてから。薄い葉物以外はこの方法で大抵美味しく焼けます。ソーセージや揚げ物の温めは油がなくても大丈夫。（左から　かぶ＆しいたけ＆ねぎ、ピーマン＆しいたけ＆ブロッコリー、ソーセージ、買ってきた揚げ物）

ラムのグリル

**最近スーパーでラム肉をよく目にするようになりました。
おうちで気軽に食べられるのがうれしい。**

友達に誘われて行った店のラムの味が最高でした。大きな塊肉をあぶり、スライスしたものに、スパイスをまぶして食べるんです。真似をして、塊肉を買ってきてオーブンで焼いてみましたが、焼くのに時間がかかるのが難でした。最近はステーキサイズのものを、さっとグリルであぶって食べています。

ラムを買ってきたらまずはスパイスと塩をすり込んでおきます。スパイスは、お好きなもので。うちは、庭にマジョラムとローズマリーが繁茂しているので、これを添えて焼きます。ラムは独特の香りがあるのですが、ハーブとの相性も抜群です。コスパの良さも魅力。100グラム200円の牛肉を美味しく食べるには工夫が必要ですが、同じ価格のラムなら、シンプルな調理法で満足できるのです。

a

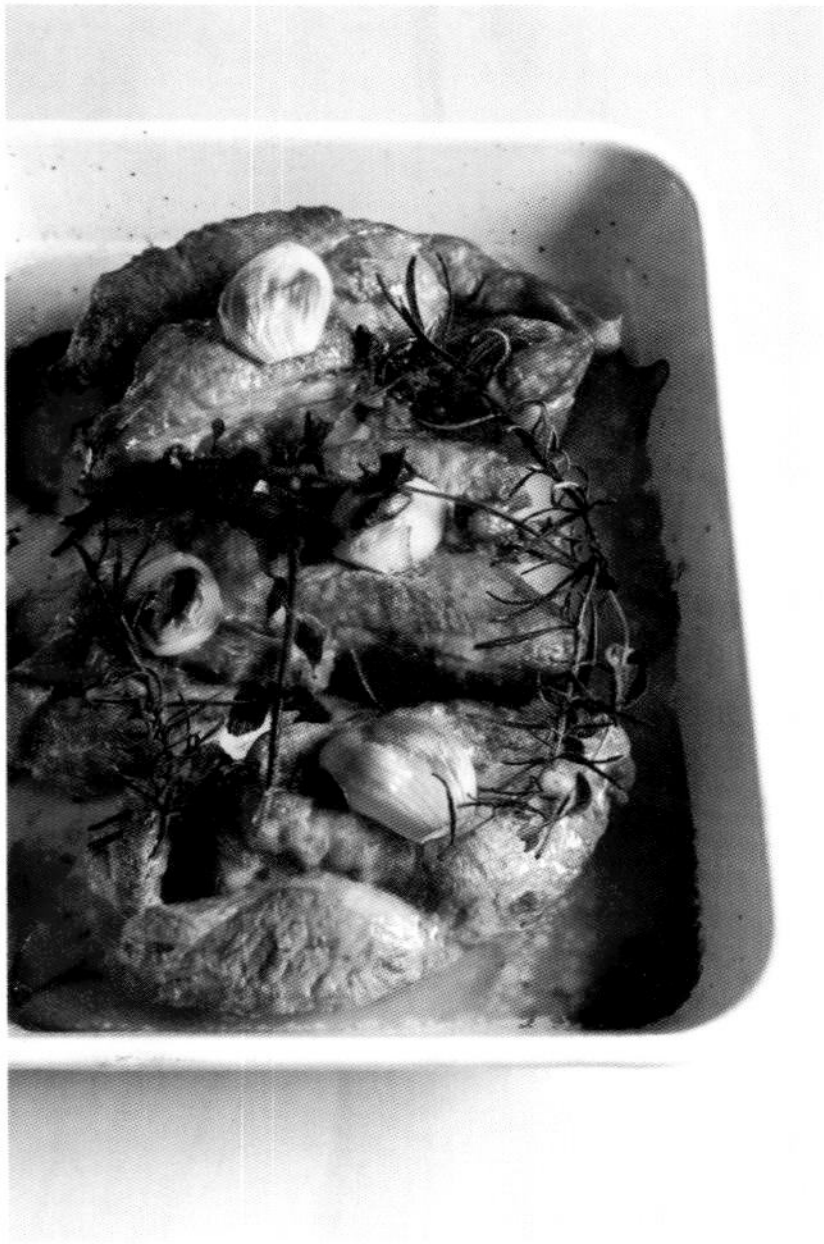

b

〈材料〉4人分

ラム肉(肩ロースステーキ用もしくはもも)
…500〜600g
ガーリックソルトもしくは塩
… 適量
にんにく … 適量
お好みのハーブ、香味野菜
(ローズマリー、タイム、オレガノ、マジョラムなど)… 適量

〈作り方〉

1 ラム肉を冷蔵庫から出し、アルミホイルを敷いた天パンもしくはホーローのバットにのせ、ガーリックソルトを振る。20分〜1時間ほどそのままにして肉を室温に戻す。
2 にんにく、ハーブをのせて、魚焼きグリルで10〜15分ほど焼き、火を止めたら10分ほどそのままにしておく。
3 食べやすい大きさに切り、皿に盛る。

縦型ピーラーと菜切り包丁のススメ

皮むきと切りものは簡略化したい。そのためにおすすめの道具を紹介しますね。

最初は縦型ピーラー。横ではなくて縦に刃が付いているもの。小さな包丁のように持ち、親指で素材を押さえながら使います。横型に比べると、いも類などの皮をむく際に小回りが利きますよ。私はりんごもピーラーでむきます。

もう一つは菜切り包丁。これは、刃の部分が長方形をした、野菜を切ることに特化した包丁なのですが、キャベツの千切りや玉ねぎのスライス、かぼちゃの輪切りなどに絶大な能力を発揮します。刃先がとがっていないので、細かな作業には向きませんが、野菜を大量に楽に切ることができれば、それだけでも作業効率は大きく違ってきます。

餅は餅屋に、皮むきはピーラーに、野菜を切るのは菜切り包丁に任せたほうがいいのです。

私がよく使うピーラーはこの2つ。大きいほうは幅が広いため大根の皮むきも楽々。刃が野菜の角度に合わせて回るのでむきやすいのです。小さいほうは小回りが利くので主に丸いいもやりんごの皮むきに。
菜切り包丁は野菜を切るためのもの。2本目の包丁としておすすめしたいです。私は25cm長さのペティナイフと菜切り包丁の2本をメインに使っています。

頭を使わずに、鍋と時間に任せる

「料理に頭を使いたくない」のはよくあること。何をどう料理するかを考えるのが面倒で、動き出すまでがもう大変。

そんな時、どう乗り越えてきたか？　たいてい、大きな鍋に助けてもらいます。

豚の塊肉と水を鍋に入れて火にかけ1時間ほど弱火で煮込んで、火を止めたら冷めるまで待つ、これだけ。茹でただけの肉というのは思った以上に良いものです。冷めた肉を切り分けて、辛子醤油かごま油と塩を混ぜた塩だれを添えれば大変なごちそうです。この「茹で豚」は素材としても抜群。

時間は確かにかかるけれど、鍋と火に「任せた！」とお願いしてしまえば、自動的に美味しいおかずができて、その間に他の事もできてしまう。

これは決して「手抜き」なんていうものではなく、その日のごはんを乗り越えるための立派な戦略であると思うんです。

[茹で豚の作り方]

1 豚塊肉（ロース肉もしくはバラ肉）500〜600gに小さじ1程度の塩をまぶし、ポリ袋に入れる。冷蔵庫に入れ1日置く。

2 大きめの鍋に肉とかぶる程度の水を入れ、中火にかける。沸騰したら弱火にし、1時間ほど茹でる。火を止め、そのまま冷ます。

3 肉を鍋から取り出し、食べやすい大きさに切る。好きなたれをつけて食べる。おすすめはポン酢、マスタード、柚子こしょう。※冷蔵保存する際は茹で汁ごと保存容器に入れて。3〜4日で食べきります。

「作り置き」をやらない

「作り置き」をほぼやりません。家に帰ってきて、冷蔵庫に入っているおかずを温めて食べる、そのまま食卓に並べて食べる。これ、楽です。ありがたいですよね。でも、「作り置き」をすることに気持ちが向きません。なぜかしら。

お休みの日に、少し時間をかけて作る炒め物、煮物、和え物などお惣菜の数々。きれいにタッパーに詰めて、冷蔵庫にしまえば、平日疲れて帰ってきても新たに作らなくていい。

でも「作り置き」は作ってある料理以外のものになりません。自分で作ったものを温めて食べるの、ちょっと味気ないんですよ。しかも、大量に作っていると、夜に食べきれなくて、もう一度蓋をして冷蔵庫に入れ、それを次の日の朝ごはんの時に食べたりすることにもなる。こうなると、かなり「残り物」感が出てきます。

これは私の感じ方なので、衛生的な問題がなくて、作り置きが楽でいいと思う方にはもちろん良いと思います。

私は「作り置き」より「下ごしらえ」をするほうが好き。下ごしらえとは、材料に手を入れて、料理より手前の状態にしておくこと。食材が切ってあったり、下味が付いていたり、火が通っているのなら、ゴールなんて見えなくてもとりあえず走り出せます。

大した手間なく晩ごはんになります。和えるとか焼くとか、このちょっとした工程が「今日も料理した！」という満足感を生み出すこともあって、一日の締めくくりとしては悪くない仕事だなと思うのです。

本当は誰かに作ってもらうのが一番楽で美味しくていいんですけどね。

[肉の下ごしらえ]

肉は下味を付け、あればハーブも一緒にポリ袋に入れて冷蔵庫で保存。

- 豚肩ロース塊肉は塩
- 豚薄切り肉はナンプラー
- 鶏もも肉、鶏骨付き肉はナンプラーと酢
- 鶏胸肉は塩

というのがルール。ひき肉は火を通して保存する（82ページの「ぶたやまミンチ」参照）。

ナンプラーは塩味とうま味の複合調味料

ナンプラーという調味料をご存じでしょうか。魚を発酵させた調味料で、薄口醤油のような色をしていますが魚の持つうま味成分が凝縮しているので、お醤油よりも塩気もうま味も、匂いも強いんです。

料理の味付けの際に決め手となるのは、「塩味」と「うま味」。このナンプラーの強い塩気とうま味をうまく利用しない手はありません。塩味とうま味のコンビネーションは強力で、これ一つで炒め物やスープなどの味付けは大抵済んでしまいます。面白いことに、独特の匂いは加熱するとほとんど気にならなくなるので、案外どんな料理にもなじみやすいのです。まずは炒飯や炒め物で試してみてはいかがでしょうか。

なお、塩分量は、いわゆる濃口醤油が16％なのに対し、私が常時使っているナンプラーは19.3％。塩分量はメーカーや産地によって幅があるので、味付けをする際に少しずつ加えながら調整することをおすすめします。

「どこのメーカーのナンプラーを使っていますか？」と聞かれたら「近くのスーパーで常に買えるもの」と答えています。手に入りやすいものが一番良いです。

青《チン》梗《ゲン》菜《サイ》としめじと鶏皮のスープ

〈作り方〉4人分

1 小鍋に湯を沸かし、鶏皮1枚分を3分ほど茹で、食べやすい大きさに切る。
2 しめじ⅓パックは石づきを切り落とし、ほぐしておく。青梗菜1把は根元の硬い部分を切り落とし、食べやすい大きさに切る。
3 鍋に700ccの水と鶏皮を入れ、火にかける。沸騰したらしめじと青梗菜、ナンプラー大さじ1を加え、再度沸騰させる。こしょう少々で味を調える。

Memo
鶏皮が余ったらこんな風にスープに入れてみてください。だしが出ます。ベーコンやハムでも代用可。

卵とトマトの炒め物

〈作り方〉4人分

1 トマト1〜2個は大きめの乱切りにする。ボウルに卵4個を割り入れ、菜箸で軽くほぐし、ナンプラー小さじ1½を加えて混ぜる。
2 炒め鍋もしくはフライパンにサラダ油適量を入れて加熱し、トマトを炒める。
3 トマトの形が崩れ始めたら、1の卵液を加える。卵液の縁が焼き固まるまで待ってから、全体をざっと混ぜる。卵が半熟の状態になったら火を止める。

Memo
卵液を炒め鍋に入れたら、卵にある程度火が通るまで待ってから混ぜるのがコツです。

「白だし」の万能感

「だし」と聞いて逃げ出しそうになったあなた。そう、あなたです。大丈夫、逃げないで。鰹節や昆布の話ではありません。

あなたのお家にある「おだしの味のするもの」は何でしょう。多分顆粒だしはあると思います。あと麺つゆ。これ以外にもう一つ増やしてみてください。

それは「白だし」。透明感のある濃縮だしのことです。麺つゆよりも甘みが少なく、顆粒だしより塩味が感じられるので、ちょうどこの2つの中間にあるような感じでしょうか。前にご紹介したナンプラーに少し似ていますが、よりうま味に特化した調味料といえるでしょう。甘くしたくない料理や、お醤油の色を付けたくない料理に向いています。また液体ということで、炒め物などでは材料になじみやすいように思います。我が家ではお弁当の玉子焼きを作る際にこの白だしが欠かせません。もちろん、きちんとひいたおだしの味にはかないませんが、朝の大忙しの時間におだしなんてひいてられないよね。

うま味焼きそば

うま味たっぷりの焼きそば。麺を入れたら、蓋をして蒸し焼きにすると、野菜から出る水分でほぐしやすくなります。

〈材料〉3人分

焼きそばの麺 … 3人分
ベーコン … 3枚
長ねぎ … 1/4本
もやし … 1/2袋
キャベツ … 1/8個
ナンプラー … 小さじ2
白だし(希釈タイプ) … 大さじ1
サラダ油 … 大さじ2

〈作り方〉

1 ベーコンは食べやすい大きさに切る。長ねぎは粗みじんに切る。もやしはざるにあけて洗う。キャベツはざく切りにする。
2 フライパンにサラダ油を入れて熱し、1を加えて中火で炒める。
3 2に焼きそばの麺を入れ、蓋をして1分ほど蒸し焼きにする。
4 蓋を取り、麺をほぐしながらナンプラーと白だしを加え、全体をざっと炒め合わせる。

魚料理は「洋食」から始める

父の趣味が海釣りだったせいか、魚が好きです。見るのも食べるのも。でも、自分で魚料理を作ろうとするとなかなかハードルが高い。なぜだろう。魚料理イコール和食と考えているからではないかしら。煮魚や焼き魚がそれですね。子供たちが小さいころ煮魚や焼き魚のウケがあまり良くなかったこと、そして特に煮魚の味付けに自信がなかったことが理由にあります。

それでもお魚が食べたい！

そこで考えたのが「洋」の食べ方でした。オイルと塩とにんにくに助けてもらうような食べ方ならば、作るほうも食べるほうもあまり抵抗がなかったのです。また、アクアパッツァやオーブン焼きなど、オーブンやフライパンに下処理をした魚を丸ごと入れて火を通すだけの調理法ならば気負いなく作れます。バットやフライパンなどの調理器具ごと食卓に直接出してしまうので、お魚の形も崩れませんよ。

大きめの魚は、スーパーの鮮魚コーナーで下処理をしてもらいましょう。そのままフライパンやオーブンに入れてしまえばいいのです。

メバルのアクアパッツァ

〈作り方〉4人分

1 メバル（下処理済みのもの）2尾はペーパータオルで水けをよくふき取る。バットにペーパータオルを敷き、メバルをのせて表裏に塩適量を振る。冷蔵庫に入れ、15分以上おく。

2 1に斜めに切り込みを入れ、フライパンに並べ、上からこしょう少々を振る。ミディトマト4個を半分に切り、メバルの周りに並べる。さらににんにくの薄切り1かけ分をのせる。

3 水100cc、白ワイン50ccを入れ、メバルにローズマリーを1枝ずつのせ、蓋をする。10分ほど中火にかけたら蓋を取り、オリーブオイル大さじ2を回しかけ、さらに5分ほど弱火にかける。

イサキのオーブン焼き

〈作り方〉4人分

1 イサキ（下処理済みのもの）2尾はペーパータオルで水けをよくふき取る。バットにペーパータオルを敷き、イサキをのせて表裏に塩適量を振る。冷蔵庫に入れ、15分以上おく。

2 1に斜めに切り込みを入れ、バットに並べ、上からこしょう少々を振る。ズッキーニ⅓〜½本を5mm幅に切り、イサキの周りに並べ、にんにくの薄切り1かけ分とローズマリーを1枚ずつのせる。

3 オリーブオイル大さじ4を回しかけ、200度で予熱したオーブンで20分焼く。お好みでレモンの絞り汁をかけて食べる。

イワシで ストレス解消できる

イワシは柔らかい魚なので、手で捌《さば》けるんです。包丁を使う必要がない。全部手でできます。

魚を捌く時って、血も内臓も出てくる。気持ち悪い。触るの嫌だわというのも分かります。でも、魚を捌く時以外に、思い切り血や内臓に触る機会ってあるでしょうか。普段頻繁にあったら困っちゃいますね。

私、会社で嫌なことがあった時とか、朝家族と喧嘩して帰ってから顔合わせるのが気まずい時に、イワシを買って帰ることがあります。むしゃくしゃしたら、魚屋に行く。家に帰って、エプロンを締めて、イワシを流し台にぞろりと並べる。

ふふふ、これは生贄《いけにえ》。頭をちぎり、腹の薄い皮を破り、血まみれの指ではらわたを掻き出す。そんなことをしているうちに、頭はすっきり、晴れ晴れとした気分になるのです。やっぱり変かな。

[イワシの手開きのやり方]

1. イワシの頭を折るようにしてちぎる。この時、ワタを一緒に抜き出す。
2. 腹の薄い皮を破り、残ったワタを取り除く。
3. 水の中でさっと腹の中や表面の汚れを洗い落とし、水けをよくふき取る。
4. 腹の中央、背骨の上と身の間に親指を入れ、左右に動かし、背骨をなぞるようにして身を開く。
5. 尾の手前で中骨を折って抜き取る。

※新聞紙の上でやると片付けが楽ちんです。

イワシのアヒージョ

〈作り方〉4～5人分

1 イワシ4～5尾を［イワシの手開きのやり方］3まで行う。
2 1をホーローのバットに並べ、塩小さじ½を振る。薄切りにんにく1かけ分とローズマリー、マジョラム各適量をのせ、オリーブオイル大さじ4を回しかける。
3 魚焼きグリルで10分ほど焼く。

Memo

ぜひレモンかすだちを絞って食べてみて。イワシの風味がうつったオイルにパンや茹でた野菜を浸して食べると最高に美味しいです。

イワシのパン粉焼き

〈作り方〉4～5人分

1 イワシ4～5尾を手開きにして、軽く塩を振る。天パンにオーブンシートを敷き、皮を上にして並べる。
2 ポリ袋にパン粉大さじ4～6、粉チーズ大さじ2を入れてよく混ぜ（お好みでオレガノやパセリなどのドライハーブを加えても）、1の上にまんべんなくかける。オリーブオイル大さじ4～5を全体に回しかけ、200度で予熱したオーブンで20分ほど焼く。

Memo

手開きをする際に、少しくらいボロボロになっても大丈夫。パン粉をかけてしまえば気にならなくなります。

お弁当はマンネリでいい

高校生と中学生、そして自分のお弁当を毎日作っています。

私のお弁当作りのルールは

・マンネリを恐れない

・彩りを気にしない

お弁当は「いつもの変わらない」おかずと味で良いと思います。安定感が大事。

学校に行く子供たちは、勝手にコンビニに行けるわけでも、間食ができるわけでもないから、お弁当を食べ損ねるわけにはいかない。だから好き嫌いなく、間違いなく食べられるものがいいんです。

彩りは、実は作る側が思っているほど、食べる側は気にしていないみたい。なにより「彩りのため」に入れるミニトマトが好きじゃない！　私がミニトマトなら、そんな理由でお弁当に入れられるのは勘弁してほしいなあ。

どうしても
おかずのスキマから煩悩がはみでるわね…
詰めるの苦手

お弁当メモリー

毎朝、高校生と中学生と自分用のお弁当を作っている（たまに夫用も）。そのお弁当の写真を、時々Twitterにアップしています。

私のお弁当は、冷食をバンバン使うし、彩りも気にしないけど、そのお弁当の様子を楽しみにしていてくれる人がいるみたい。

1月の1ヵ月分のお弁当写真をまとめてみることにしました。では、いってみましょう。

1月6日

●ぶたやまミンチ
●カリフラワーとベーコンの炒め物
●子持ち昆布

子供たちがまだ冬休みなので、今年初のお弁当は私の分のみ。

1月8日

●鶏もも肉のレンジ蒸し　●焼売（冷食）
●玉子焼き　●キャベツのナムル
●ブロッコリー（冷食）

久しぶりの中高生弁当、手間取った！　勘が鈍っている。

1月9日

●鶏の唐揚げ（冷食）
●エビグラタン（冷食）
●玉子焼き　●ブロッコリー（冷食）

冷食のエビグラタンはボリュームあるし、場所もしっかり確保してくれるのでありがたい。

1月10日

●コーンクリームコロッケ（冷食）
●ソーセージ　●玉子焼き　●焼売（冷食）
●エビグラタン（冷食）　●人参のきんぴら

ありがとう、冷食。あなたのおかげで今日も乗り切りました。末っ子が遠足だったのでお弁当あり（奥のおにぎり弁当）。

1月14日

●ぶたやまミンチ　●玉子そぼろ
●エビ寄せフライ(冷食)
●焼売(冷食)
●ブロッコリー(冷食)

「そこにミンチがあったから」、ぶたやまライス弁当です。

1月15日

●鶏の唐揚げ(冷食)
●茹で塩鮭　●焼売(冷食)
●白菜とハムの炒め煮

ピーマンがあると思ったのになかったから、慌てて白菜を切った。油と少しの水、白だしで炒め煮に。

1月16日

●焼き鮭　●コロッケ(冷食)
●ソーセージ　●玉子焼き
●茹でいんげん(冷食)

私は玉子焼きといんげんのみ調理担当。他のものは夫が作りました。夫がお弁当を作ると、ギチギチに詰め込むので重くなる。

1月17日

●塩鮭　●エビ寄せフライ(冷食)
●ソーセージ　●ハンバーグ(冷食)
●茹でいんげん(冷食)

なんと大寝坊、いつもより30分も遅い起床、10分で作るお弁当、イエイ（ラップみたいに読んで欲しい）。

1月20日

●豚肉の味噌漬け　●ソーセージ
●玉子焼き　●鶏つくね(冷食)
●きんぴらごぼうorほうれん草おひたし(冷食)

本日も若干の寝坊。お弁当作っている時の自分の集中力に感嘆する。

1月21日

●茹で漬け豚　●玉子焼き
●たらこスパ(冷食)
●わかめの油炒め

わかめの油炒めは我が家の人気メニュー。茹で漬け豚（75ページ参照）は脂がベタつかないので、お弁当向きのおかず。

1月23日

●豚肉の味噌漬け
●ボローニャソーセージ
●玉子焼き　●ほうれん草の炒め物

前日に茹でたほうれん草を少し残しておいたのが吉となる。

1月24日

●かぶと豚バラ肉のポン酢炒め
●玉子焼き　●ソーセージ2種
●ほうれん草炒め物　●焼き鮭

2種のソーセージがかぶってるけど、問題なし。朝のお弁当4個は荒業である。

1月27日

●ケチャップライス
●ハンバーグ（市販品）
●ブロッコリー（冷食）

ミックスベジタブルとぶたやまミンチ（82ページ参照）があれば、刻みものなしでケチャップライスがすぐできる。ラッキー。

1月28日

●鶏の唐揚げ（冷食）　●ポテトフライ（冷食）　●エビグラタン（冷食）
●玉子焼き　●ブロッコリー（冷食）

炊飯の予約を忘れた日。鍋炊飯で15分で乗り切る。炊飯でコンロが一つ塞がってしまうけど、冷食と電子レンジがあれば。

1月29日

●ソーセージ
●カリフラワーとミンチの炒め物
●焼き菜花　●焼きししゃも
●エビ焼売（冷食）

焼き菜花は昨日の残り。息子のお弁当箱を新調した。

1月30日

●ハンバーグ（市販品）
●たらこスパ（冷食）
●ほうれん草の炒め物　●玉子焼き

ほうれん草はこの間たくさん茹でて冷凍しておいたものを使った。作り置きの冷凍はほとんどしないけど、たまにはやる。

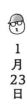

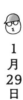

c a d b

ざっくり玉子焼き

「巻く」時間が惜しいからまとめるだけ。
切ってしまえば違いは分かりません。

〈材料〉3人分

卵 … 3個
白だし … 小さじ1
牛乳 … 大さじ1
サラダ油 … 適量

〈作り方〉

1 卵をボウルに割り入れ、白だし、牛乳を加え、菜箸で切るように混ぜる。
2 炊め鍋か玉子焼き器に油をひき、中火にかける。卵液の全量を流し入れる。a
3 卵の端っこが固まりだしたら、ヘラでざっと混ぜ、b 形を整えながら端に寄せる。c
4 まとまった卵を裏返し、もう片面も焼く。うっすら色づいたら火を止め、余熱で完全に火を通す。d

Memo

卵をボウルでほぐす際に、あまり念入りに混ぜないほうがふっくらと焼き上がります。チャッチャッチャくらい。

茹で漬け豚

冷めても肉の脂が固まることがないのでお弁当向きのおかずです。

〈材料〉3人分

豚こま切れ肉 …300g
お好きなドレッシングやポン酢等
… 適量
いりごま … 適量

Memo

●豚こま肉の茹で方がポイントです。湯に入れる前ではなく、湯に入れてから念入りにほぐすこと。
●ドレッシングは味の違うものを2つ合わせると、深みが出るように思います(青じそドレッシング×ポン酢、イタリアンドレッシング×玉ねぎドレッシング、レモン風味のドレッシング×白だしetc.)。

〈作り方〉

1 フライパンに湯を沸かし、豚こま肉を入れる。入れる際には一枚一枚ほぐさなくてもよい。
2 湯に肉を入れたら、箸でよくほぐす。火は弱火で。
3 肉に完全に火が通ったら、保存容器に肉を入れ、ドレッシング等をかけ、ざっと混ぜて、いりごまを振る。

column

ぶたやまかあさん実況中継4

○月△日　子供の体調が悪いと連絡あり

仕事から帰ってきて、体調悪い子供を病院に連れて行って、お薬飲ませて、台所を片付けながら大きめの鍋をコンロにのせる。

皮をむいた大根を大きめにザクザク切って鍋へ。ナンプラーで味付けしておいた鶏手羽元も同じく鍋へ。

水、酒、酢、ナンプラー、スイートチリソース、刻みにんにく。

すぐできるからねー。待ってて!

途中で思い立って、ベイリーフと庭先のローズマリーも加える。

途中までは蓋をして、後半は蓋を取り、水気を飛ばしながら煮る。

よし、完成。

大根と鶏手羽元の煮込みスイートチリソース風味。

熱いうちに食べよう!

煮物は和食だけじゃない。お醤油をナンプラー、砂糖をチリソースと考えれば、アジアっぽい味付けにもチャレンジしやすい。酢を加えてさっぱりとした仕上がりに。

□月×日　冷蔵庫の中身がはっきりと思い出せない

急いで冷蔵庫を確認。ピーマンがたくさんあるのでこれを細切りに。

豚こまがあったから、これも細切りにして一緒に炒めようという寸法。

ところが！

豚こまだと思ったのは、残念、鶏もも肉でしたー。

ここで炒め物へ向かう心が折れてしまった。

今から鶏もも肉切るの嫌だもん。

なんとなく、土鍋をコンロにのせてみた。

玉ねぎを手にとって、みじん切り。これはそんなに嫌じゃない。

土鍋に玉ねぎと油を入れ、玉ねぎを炒める。ここに細切りにしたピーマンを投入。

うん、流れが出てきた。この流れに流されてみる。

煮物を作ろうかと思っていたので、隣のコンロの鍋に水と昆布を入れていた。

これを土鍋に入れる。

缶詰置き場にキドニービーンズ缶を発見。汁ごと入れる。

お、冷蔵庫にベーコンがあった。ザクザク切って、ドサドサ入れる。

しめじ、ほぐしながら入れる。

OK、トマト水煮缶あるよね？

うわあ、トマト缶なかった。

まあいい。

そのまま土鍋の蓋をして10分ほど中火にかける。

土鍋の蓋を開けて、味見をしてみる。

あらまあ、いける。

余っていたソーセージ入れちゃえ。

紆余曲折の結果、なんだかビジュアル的にカッコいいスープができました。

題して『本当は炒め物になるはずだったピーマンのスープ』です。

ベーコンがあってほっとしているところ。

スープの素的なものはナシでOK。うま味は十分。

第3章

やり過ごしの黄金レシピ

悩まない！ 失敗なし！ テンパらない！ を
追求していたら
この料理に行きつきました。
私の必殺技「ぶたぞまライス」。
日々のごはんの救世主になると思うのよ。

たどりついたのは「ぶたやまライス」

私、「炒め物が苦手」なんです。

時間がない時のおかずに炒め物、よくやりますよね。肉も野菜も一度に料理できちゃう便利なおかず。あれが、苦手です。

そこで生まれたのが、この「ぶたやまライス」です。

これ、ただ単にひき肉を炒めて、ピーマンときのこをグリルで焼いて、玉ねぎを酢と油でマリネしたものを組み合わせた、いわばワンプレートごはんです。

それぞれを別々に作るのがポイント。一見複雑そうですが、一つ一つの料理は独立して、この素材の次にこれを入れなければいけない、というのがありません。だから混乱は少ないの。具材は全部揃わなくても構いません。テンパりやすい私がテンパらなくて良くなるこの料理。別々に作るのって、ちょっとハードルが高そうですが、一度ぜひ実際に作ってみてください。このお料理のいいところがきっと分かってもらえると思います。

メインのぶたやまミンチと玉ねぎのマリネを作れば、あとのサポートメニューは全部揃わなくても全く構いません。買ってきたお惣菜でもＯＫ。ごはんが炊けるまでの30分で作れる範囲で！

合いびき肉をナンプラーで味付けしたぶたやまミンチと、酸っぱい玉ねぎマリネがメイン。あとは時間の許す限り「切っただけ」「茹でただけ」「焼いただけ」の野菜サポートメニューを足していきます。ごはんが炊けるまでの約30分で完成。

c a d b

メインメニュー①

ぶたやまミンチ

ひき肉は最初は触らずステーキを焼くように肉に焼き色を付けて。そこからパラパラになるまでほぐしながら炒めていきましょう。

〈材料〉作りやすい分量

豚ひき肉もしくは合いびき肉
…500g

A
- ナンプラー… 小さじ2
- クミン(パウダー)… 小さじ½
- こしょう … 少々

〈作り方〉

1 豚ひき肉もしくは合いびき肉をフライパンに入れ、a 中火にかける。3分ほどそのまま触らずに焼き、焼き色を付ける。フライ返しで全体を返してもう片面を3分焼き、b こちらも焼き色を付ける。

2 両面に焼き色が付いた**1**を徐々にほぐしながら全体に火を通す。c 肉の色がすべて変わったら、仕上げに**A**を入れ、さっと全体を混ぜる。d

※3〜4日は冷蔵庫で保存可能。

Memo

クミンパウダーはなくてもいいです。ナンプラーがない場合は、塩か醤油で代用できます。味を確かめながら入れてくださいね。

サポートメニュー

もやしのナムル

〈作り方〉4～5人分

1 フライパンか鍋にもやし1袋と水400ccを入れ、蓋をして中火で約5分蒸し茹でにする。

2 ざるにあげ、水けをよくきってボウルに入れる。ごま油小さじ1と塩少々を加えてよく混ぜる。好みですりごまやにんにくのすりおろしを足しても。

トマトのはちみつマリネ

〈作り方〉4～5人分

1 トマト2個を食べやすい大きさに切り、保存容器に入れる。

2 はちみつ（砂糖でもOK）、酢、サラダ油各大さじ½、塩、こしょう各少々を加え、よく混ぜる。

ピーマンとしめじのオーブン焼き

〈作り方〉4～5人分

1 ピーマン5個は縦半分に切り、へたを取り除く。しめじ1パックは石づきを切り落とし、ほぐす。

2 天パンにアルミホイルを敷き、1を並べる。サラダ油大さじ1、塩、こしょう各少々を振り、魚焼きグリルもしくはオーブントースターで約10分焼く。

メインメニュー②

玉ねぎマリネ

**要するに「玉ねぎスライスのフレンチドレッシング漬け」です。
脂っこいものとの相性バツグン。**

〈材料〉作りやすい分量

赤玉ねぎもしくは玉ねぎ … ½個

A
- すだち果汁（なければ酢）… 大さじ2
- サラダ油 … 大さじ1
- 塩 … 少々

〈作り方〉

1 玉ねぎは薄くスライスしてボウルに入れる。**A**を加えて軽く混ぜる。

2 10分ほどおいてから食べる。

※1週間程度冷蔵庫で保存可能。

Memo

混ぜた直後はすだち果汁とサラダ油が少なく感じますが、玉ねぎからかなりの水が出ますので、ちゃんとマリネの状態になります。
酢は醸造酢やりんご酢、米酢などなんでも大丈夫。お好きなものを使ってください。

玉ねぎマリネアレンジ

Arrange 1

どんな味でも受け止める、お豆腐の器の大きさに感心してしまう。サラダ感覚の冷や奴。まるでイタリアン。

Arrange 2

豚肉の脂っぽさと玉ねぎマリネの酸っぱさはやはり抜群の組み合わせ。ごはんがすすんで困ってしまう。

Arrange 3

茹でたお肉の漬けだれとして。作ってすぐよりしばらくおいたほうが肉に味がなじんで美味しい。

Arrange 4

塩と油と酢。この配合、ドレッシングそのものですよね。エビの代わりにタコを使っても。

Arrange 5

酢飯と合う！　マグロ以外にサーモンや白身魚、納豆も良い。シャキシャキした食感もアクセントに。

Arrange 6

唐揚げにした小魚と玉ねぎマリネを合わせておくだけで南蛮漬け風味。甘さが欲しければ砂糖を足して。

［ぶたやまミンチアレンジ］

炒飯

炒飯を作るのは好きです。余ったごはんがあると「ラッキー」と思います。具の定番は、万能ねぎと、卵と、常備してある「ぶたやまミンチ」。キムチや納豆が入ったり、前日の焼き野菜の残りが入ることもあります。

もともと、炒飯は単に「冷たいごはんを美味しく食べるための方法」なのだから、何でもあり。もちろん炒飯のためにごはんを炊いても構いませんよ。温かいごはんで作ると、炒め時間が短いのがいいです。

ごはんとぶたやまミンチを炒める。フライパンに少し隙間をあけてそこに卵。混ぜながらざざっと炒めたら、万能ねぎを。味付けは、ミンチに味が付いているので、ちょっとでＯＫです。

c

a

d

b

〈材料〉2人分

冷やごはん … 茶碗2杯分
ぶたやまミンチ …30〜40g
卵 … 2個
万能ねぎ（小口切り）
… 大さじ2〜3
ナンプラー… 小さじ1

〈作り方〉

1 よく熱したフライパンにサラダ油適量（分量外）を広げ、ごはんを入れて、a 弱火でほぐしながら炒める。
2 ぶたやまミンチを加えてごはんと混ぜながら炒め、片側に寄せて中火にし、あいたところに卵を割り入れる。b
3 卵をヘラですばやくほぐし、c 固まってきたらごはんと混ぜる。
4 万能ねぎとナンプラーを加えて d ざっと混ぜる。

Memo

冷やごはんを炒める時は、弱火で慌てずゆっくりと。せわしなく混ぜるというよりは、焼き付けるようにフライパンに押し付け、ごはん粒をほぐすようにしながら炒めます。ナンプラーがない場合は塩か醤油で代用してください。

[ぶたやまミンチアレンジ]

すでに火が通っていて、味が付いているので、ベーコンのような使い方ができます。
カレーやパスタのソースにする際は、塩辛くなりすぎないように注意してください。

Arrange 2

じゃがいもとひよこ豆のカレー

〈材料〉4人分

ぶたやまミンチ …300g
にんにく … 1かけ
玉ねぎ … 1/2個
じゃがいも … 3個
ひよこ豆水煮缶 … 1個（400g）
水 …500cc
カレールー… 1/2箱

〈作り方〉

1 にんにく、玉ねぎはみじん切り、じゃがいもは半分に切る。
2 鍋にサラダ油適量（分量外）を入れ、にんにく、玉ねぎを入れ炒める。玉ねぎがしんなりしたら、ぶたやまミンチ、じゃがいも、ひよこ豆を汁ごと加える。さらに水を加え、蓋をして10分煮る。
3 じゃがいもがやわらかくなったら一度火を止めてカレールーを加え、さらに10分ほど煮込む。
4 器にごはん（分量外）と盛り付ける。

Arrange 1

三色丼

〈材料〉4人分

ぶたやまミンチ …300〜350g
炒り卵（卵3個、砂糖小さじ2）
ピーマン丸煮（ピーマン4個、
　ナンプラー小さじ1/2、水大さじ3）
ごはん … 茶碗4杯分

〈作り方〉

1 炒り卵を作る。卵をボウルに割り入れ、砂糖を加えてよく混ぜる。
2 フライパンにサラダ油適量（分量外）を広げ、温まったら卵液を入れ、中火でザッと混ぜながら炒める。
3 ピーマンの丸煮を作る。材料を鍋に入れ、蓋をして弱火で3〜4分ほど火にかける。ピーマンが冷めたら食べやすい大きさに切る。
4 お弁当箱にごはんを入れ、ぶたやまミンチ、炒り卵、ピーマン丸煮を盛り付ける。

Arrange 3

トマトとなすの ボロネーゼパスタ

〈材料〉4人分

ぶたやまミンチ…200〜250g
スパゲティ…400g
なす…3〜4個
トマト…2個（またはカットトマト缶1個）
にんにく…1かけ
オリーブオイル…大さじ2
ナンプラー…小さじ2

〈作り方〉

1 鍋に湯（分量外）を沸かして塩（分量外）を加える。半分に折ったスパゲティを入れて、袋の表示時間通りに茹でる。
2 なすは1cm幅の輪切りに、トマトはざく切りにする。にんにくはみじん切りにする。
3 フライパンにオリーブオイルとにんにくを入れて弱火で炒める。香りが立ったらなすとぶたやまミンチを入れる。
4 なすがしんなりしたらトマトを加え、数分煮る。ナンプラーを加え、味がぼんやりしていたら、砂糖少々（分量外）を加える。
5 4に茹で上がったパスタを加えて絡め、器に盛り付ける。

Arrange 4

いんげんと トマトのカレー

〈材料〉4人分

ぶたやまミンチ…300g
トマト…2個（またはトマト缶⅔〜1個）
いんげん…150〜200g（1袋）
にんにく…1かけ
カレー粉…大さじ2
水…200cc
固形コンソメスープの素…1個
ナンプラー…少々

〈作り方〉

1 トマトといんげんはざく切りにする。にんにくはみじん切りにする。
2 鍋にサラダ油適量（分量外）を入れ、にんにく、いんげんを入れてさっと炒め、カレー粉を加えてさらに炒める。
3 ぶたやまミンチ、トマト、水、コンソメを加え、20分ほど煮込み、ナンプラーで味を調える。
4 器にごはん（分量外）を盛り付け、3をかける。

column

ぶたやまかあさん
モーニング&ナイトルーティン

Morning

6:00　1回目の目覚まし

6:10　2回目の目覚まし

6:20　3回目の目覚まし　起床　夫も起きてくる
朝ごはんの支度とお弁当作り
- 炒め鍋で玉子焼きを作る
- グリルで冷凍の唐揚げとポテトを焼く
- 片手鍋で味噌汁を作る
- 電子レンジで冷凍のブロッコリーを温める
- おかずをお弁当箱に詰める

6:50　子供たち起床

7:00　お弁当完成

家族の朝食開始

朝食メニュー

- ごはん
- 味噌汁
- 納豆
- 玉子焼きのはじっこ

7:15　自分の朝食（大体台所で立って食べています）

末っ子の勉強課題の準備

台所の後片付け（できる範囲）

7:30　化粧等出かける支度

長男・長女が出発

7:45　自分・夫・末っ子が出発

● 洗濯物を干すのは夫の担当　夕飯の準備はほぼなし

Night

18:00 会社を出る　夕飯のことが一瞬頭をかすめるが、
Twitterの未読消化に夢中で結局ノープラン

19:00 帰宅　まっすぐに台所へ
炊飯は長女に、朝食の後片付けと
洗濯物の取り込みは長男に、
お風呂掃除は末っ子に依頼済み

19:05 冷蔵庫から材料の候補を作業台に
並べて、メニューを考える

メニュー決定　調理開始
調理しながら、末っ子の勉強をチェック

19:45 夕食完成　夕食開始

20:15 後片付け開始

21:00 後片付け終了

23:00 次の日の炊飯セット（主に長男担当）
Twitterで夕飯についてツイートする
ギターを弾く日もある

ぶたやまさんちの家族プロフィール

ぶたやまかあさん（本人）

お母さん。おっちょこちょいの自由人。料理は主に好きなものを作るスタイル。新しい食材、調味料は試してみたい。お弁当作りはつらくないが、お弁当箱に詰めるのがつらい。皿洗いが苦手。

料理スキル　色々できる（得意料理：ぶたやまライス）
好きなもの　邦楽ロック（UNISON SQUARE GARDEN）

夫

お父さん。家族思いで手先が器用。家族の様々な要求に応えるため日々技を磨き、DIYからコミケ本の編集までこなす。作る料理はいわゆる「おふくろの味」が多い。

料理スキル　かなり色々できる（得意料理：天ぷら、おでん）
好きなもの　家族と過ごす時間

長男

17歳（高校生）。反抗期を過ぎて、すっかり気のいい若者になった。自由な母の無茶ぶりにもよく対応してくれる。家事はゴミ捨てと洗濯物の取り込みと翌日の米研ぎを担当。

料理スキル　料理本を参考に、作ることができる(得意料理：うどん)
好きなもの　ゲームと和菓子

長女

14歳（中学生）。漫画とアニメを愛するオタク。推しの配信があっても、ごはんはしっかり食べてから見る食いしん坊。家事は夕飯の米研ぎと皿洗いを担当。

料理スキル　適当に食べたいものを作ることができる（得意料理：丼物）
好きなもの　じゃがいもの料理

次男

11歳（小学生）。末っ子ならではの「可愛いだけで愛される」オーラ全開。授業参観では指されてから答えを考えるタイプ。家事はお風呂掃除を担当。

料理スキル　おにぎりが握れる程度（得意料理：カップスープ）
好きなもの　サンタさんに貰ったどらねこのぬいぐるみ

おわりに

私はほぼ毎日、自分の料理をＴｗｉｔｔｅｒに投稿しています。

色々あるけど、今日はこんな感じでなんとか乗り越えているよ、だからあなたもきっと大丈夫、というのを発信したいんですね。


実はその発信によって、私自身が元気づけられています。


ごはんを作っている時の自分の姿、良いと思うんです。

集中して手際良く動けている時は格好がいいし、できたごはんは美味しくて、家族も嬉しそう。

逆に今日は調子悪いなという時も、それなりに一生懸命やっている自分が可愛い。

どういう状況でも、私、毎日よく頑張っていると思えるんです。


はい、自己満足です。

でもこういう気持ちになるの、大事です。

ただ作り続けているだけじゃモチベーションが持たないもの。


さらに、アップした写真やツイートに反応があると、楽しい、嬉しい。

美味しそう！　と食べることのない人に言ってもらえるの、なんて優しい世界でしょう。

単なる自己満足だろうと、別に良いじゃないですか。
誰かに迷惑をかける話ではありませんよね。

そんなわけで、「今日もよく頑張った」と自分を慈しむ思いで、これからも作った料理を発信していきます。

「やり過ごしごはん」、自分と家族のために、作り続けます。

最後に、この本を作るにあたり、私を見つけてくださった講談社の相場美香さん、本作りド素人の私をリードしてくださった編集の斎木佳央里さんに心から感謝申し上げます。

そして、相方の金沢詩乃さん、唸《うな》っちゃうほど的確で面白いイラスト、ありがとうございます。これからもよろしくね。

また、いつも写真撮影が終わるまでごはんが食べられない我が家の家族にも感謝します。いつもありがとう。

やまもと　しま

やり過ごしごはん研究家

1974年生まれ、神奈川県出身。大学卒業後、就職。現在、高校生（長男）、中学生（長女）、小学生（次男）の3人の子育て中。フルタイム勤務と子育てで忙しい日々のごはんを「やり過ごし」ているうちに生まれたレシピや料理を、ほぼ毎日Twitterに投稿。その生々しさ、臨場感が人気を呼んでいる。理科好きが高じて、好奇心の赴くままにTwitter上に素朴な質問を投げかけ、それについて詳しく解説してくれる栄養士、研究者、科学雑誌編集者などの専門家とのやりとりによる「Twitter授業」的なものにより知識を深める。それらのやりとりの一部をまとめた「ぶたやまかあさんのお台所サイエンス」を『月刊　栄養と料理』（女子栄養大学出版部）で連載（2017年）したことも。

Twitter ＠Butayama3

ぶたやまかあさんのやり過《す》ごしごはん

**毎日《まいにち》のごはん作《づく》りが
すーっと楽《らく》になる**

2021年5月19日第1刷発行

著者	やまもとしま
発行者	鈴木章一
発行所	株式会社　講談社
	〒112-8001　東京都文京区音羽2-12-21
	電話　編集　03-5395-3527
	販売　03-5395-3606
	業務　03-5395-3615
印刷所	大日本印刷株式会社
製本所	大口製本印刷株式会社

デザイン	細山田光宣・藤井保奈・柏倉美地（細山田デザイン事務所）
撮影	やまもとしま
イラスト	金沢詩乃
編集	斎木佳央里

ISBN　978-4-06-523516-4